BEI GRIN MACHT SICH IHR
WISSEN BEZAHLT

Timo Arnold

Konzepte der Jungenarbeit

GRIN Verlag

Bibliografische Information der Deutschen Nationalbibliothek:

Die Deutsche Bibliothek verzeichnet diese Publikation in der Deutschen National-
bibliografie; detaillierte bibliografische Daten sind im Internet über http://dnb.d-
nb.de/ abrufbar.

Impressum:

Copyright © 2006 GRIN Verlag GmbH
Druck und Bindung: Books on Demand GmbH, Norderstedt Germany
ISBN: 978-3-638-91720-9

Dieses Buch bei GRIN:

http://www.grin.com/de/e-book/87173/konzepte-der-jungenarbeit

GRIN - Your knowledge has value

Der GRIN Verlag publiziert seit 1998 wissenschaftliche Arbeiten von Studenten, Hochschullehrern und anderen Akademikern als eBook und gedrucktes Buch. Die Verlagswebsite www.grin.com ist die ideale Plattform zur Veröffentlichung von Hausarbeiten, Abschlussarbeiten, wissenschaftlichen Aufsätzen, Dissertationen und Fachbüchern.

Besuchen Sie uns im Internet:

http://www.grin.com/

http://www.facebook.com/grincom

http://www.twitter.com/grin_com

Fachhochschule Koblenz

Fachbereich: Sozialwesen
Studiengang: Soziale Arbeit
WS 2006

Titel der Veranstaltung:

H 4.3.2

Schwerpunkt Erziehungssystem

Vertiefungsseminar – Konzepte der JA im Umbruch

Konzepte der Jungenarbeit

Verfasser:

Timo Arnold –

6. Semester Soziale Arbeit

Koblenz, den 18.12, 2006

Inhaltsverzeichnis

1. Vorwort

„Als besonders problematisch erwies sich die
Erhebung in den neuen Bundesländern, da eine
Vernetzung und personelle Verflechtung außerhalb
der Ministerien nicht zu erkennen war. Allerdings
reagierten auch manche der Befragten mit einem
ungläubigen: „Jungenarbeit gibt's auch?"".
(Munding, BzgA (Hg.) 1995, S.34)

Tatsächlich blickt die Jungenarbeit auf eine lange Tradition zurück. Als sehr markantes Beispiel lässt sich das Dritte Reich heranziehen, in welchem in Form der Hitlerjugend quantitativ hoher Aufwand in diesem Bereich betrieben wurde (vgl. Achterwinter, Sturzenhecker (Hg.) 1996, S.14). Jungenarbeit im Sinne der Sozialen Arbeit, welche frei von jeglichen Ideologien oder Dogmen betrieben wird, steckt allerdings noch immer in den Kinderschuhen, obschon der Grundstein dafür bereits in den Jahren 1986 – 1988 gelegt wurde. Zu diesem Zeitpunkt wurde ein Modellprojekt in Nordrhein-Westfalen durchgeführt, welches einen geschlechtsbezogenen Bildungsansatz in der außerschulischen Bildung evaluierte und als Ausgangspunkt der Jungenarbeit in Deutschland gewertet werden kann (vgl. Bentheim u.a. 2004, S.59). Trotz vereinzelter Projekte, welchen oftmals feministische Motive zugrunde lagen, konnte sich eine flächendeckende, konstante Jungenarbeit bis dato nicht in Deutschland etablieren. Viel eher wurde Jugendarbeit im Allgemeinen zumeist stärker dem männlichen Geschlecht zugeschrieben, was gleichermaßen die Jungenarbeit als überflüssig erscheinen ließ und der Mädchenarbeit zur Legitimation gereichte. Lediglich in Teilbereichen konnte ein entsprechendes Angebot für Jungen entwickelt und umgesetzt werden. Die Gründe dafür wurden sowohl beim Klientel, als auch bei den Pädagogen und den Initiatoren gesucht, was zur Folge hatte, dass eine große Auswahl an vermeintlich Schuldigen entstand, welchen je nach politischer und / oder fachlicher Haltung der Vorwurf, die Jungenarbeit zu blockieren, gemacht werden konnte. Dieser contra-produktive, und oft sehr monokausal orientierte, Umgang mit der „Schuldfrage" vermag auch heute noch darüber hinwegzutäuschen, dass Perspektiven, welche sich auf den Geschlechterkampf stützen, die Probleme der Jungen selbst nicht nur aussparen, sondern das Klientel als „Waffe im Geschlechterkampf" zu missbrauchen.

2.1 Unsicherheiten beim Heranwachsen

> *„Nach außen – z.B. in den Medien, in Politik, Wirtschaft, Verwaltung, Institutionen – werden Männer nach wie vor oft als das ‚starke Geschlecht' dargestellt. Diese Präsentation entspricht häufig nicht dem individuell-emotionalen Empfinden: Hier fühlen sich viele Jungen und Männer unsicher und schlecht mit ‚Männlichkeit' ausgestattet..." (Bentheim u.a. 2004, S.31f*

„Wann ist ein Mann ein Mann?" fragt Herbert Grönemeyer nicht ohne Grund, wie zahlreiche Publikationen, welche sich mit der Sozialisation von Männern beschäftigen, bestätigen. Längst nicht jeder männliche Erwachsene kann diese Frage für sich beantworten. Kann demnach von Jugendlichen erwartet werden, eine Antwort auf diese Frage parat zu haben? Kann die männliche Sozialisation unter diesen Voraussetzungen überhaupt noch gelingen? Wenn dem so ist – ist das „Erfolgsrezept" übertragbar und für alle Jungen und jungen Männer anwendbar? Die Frage der eigenen Identität kommt keinesfalls aus, ohne den Aspekt der Sexualität mit einzubeziehen. Auch in diesem Bereich treten enorme Unsicherheiten beim männlichen Geschlecht auf. Speziell der Bereich der sexuellen Identität ist überladen von statusbezogenen Barrieren und Rollenkonflikten, die häufig unlösbar scheinen. In Anbetracht des hohen Stellenwertes von Sexualität – vor allem in der Pubertät – zeigt sich in vielen Fällen eine entsprechend hohe psychische Belastung der betroffenen Jungen. Individuelle Strategien, mit dieser Problematik umzugehen, sie vielleicht sogar zu bewältigen, können unter Jungen nicht weitervermittelt werden, ohne die „ungeschriebenen Gesetze der Männlichkeit" – in diesem Fall das vermeintliche Verbot, über Probleme und Gefühle zu sprechen – zu brechen, was die entworfene Lösungsstrategie wiederum nichtig erscheinen ließe, da sie den neu aufgetretenen Statusverlust nicht zu verhüten in der Lage gewesen wäre.

Dieses Dilemma legt das kritische Hinterfragen dieses Männlichkeitsbildes nahe. Bedeutet das möglicherweise, dass ein neues Leitbild Männlichkeit vonnöten ist? Kann dem Klientel ein weniger problembehaftetes Bild von Männlichkeit diktiert werden? Wer könnte dazu in der Lage sein und wer könnte es überhaupt entwerfen? Wäre es überhaupt möglich, ein solches Leitbild zu entwerfen, ohne die positiven Aspekte des alten Bildes von Männlichkeit mit einzubeziehen oder aber diese sinnvoll in das neue Leitbild Männlichkeit zu integrieren? Würde ein solches Leitbild überhaupt von den Jungen angenommen?

Bei der Diskussion, wie Jungenarbeit auszusehen habe und wie sie durchzuführen sei, werden, dominiert von zwei Pespektiven – der männlichen und der weiblichen bzw. feministischen –, viele unterschiedliche Meinungen geäußert. So versucht das feministische Lager, die Jungenarbeit zu nutzen, um die Mädchenarbeit zu fördern, wobei die neuere Männerbewegung teilweise Tendenzen zeigt, zum Gegenschlag auszuholen, um die Errungenschaften der Frauenarbeit zu relativieren. Die Jungenarbeit und mit ihr das Klientel wird auf diese Weise zur Waffe im Geschlechterkampf und scheinbar gibt es nur eine Interessengruppe, welche ungefragt bleibt: Die Jungen.

2.2 Sozialisation

„Mit ‚männlicher Sozialisation' sind mithin die Prozesse gemeint,
durch die ein männlich geborenes Kind in unserer Gesellschaft
als Mann handlungsfähig wird." (Bentheim u.a. 2004, S 31)

Der Begriff der Sozialisation ist für jeden Menschen, ganz gleich welchen Geschlechts, welcher Herkunft und welchen Alters von großer Bedeutung. Speziell bei Jungen jedoch gilt es – ob der gehäuft auftretenden Widersprüche und Schwierigkeiten bei der Sozialisation – besonders aufmerksam nach potentiellen Fehlerquellen zu suchen und durch gezielte Prävention und methodische Reaktion ein Scheitern der Sozialisation zu verhindern. Die Frage, wie eine gelungene, männliche Sozialisation zu funktionieren hat, lässt sich jedoch keineswegs durch die Vorlage eines Patentrezeptes beantworten. Viel eher sind auch erwachsene Männer, welche doch viel weiter fortgeschritten sein sollten in ihrer eigenen Sozialisation, ebenso von Identitätsproblemen betroffen wie die Jugendlichen, denen es zu helfen und denen es Vorbild zu sein gilt, selbst. „Jungen sollen heute gleichzeitig ‚echte' und ‚neue' Männer sein. Sie sollen Klischees annehmen und gleichzeitig überwinden, von denen sie oft nicht einmal wissen, wie sie es überhaupt einmal erfüllen könnten" (Bentheim u.a. 2004, S.32). Diese widersprüchlichen Anforderungen stellen für erwachsene Männer mitnichten eine geringere Herausforderung dar als für die Jungen, in deren Sozialisation ein sehr wichtiger Faktor die Möglichkeit zur Orientierung an männlichen Vorbildern ist. Da die männlichen Vorbilder im direkten Umfeld oftmals nicht präsent genug sind, um ihre Funktion als Vorbild wahrzunehmen, bzw. viele Sozialisationsinstanzen (Primärversorgung, Kindergarten, Schule) überwiegend durch weibliche Bezugspersonen abgedeckt werden, wird diese Problematik später häufig zum Konfrontationsgegenstand männlicher Pädagogen, welche sich dann möglicherweise sowohl von den Identitätsproblemen der Jungen, als auch von den eigenen ungelösten Identitätsproblemen konfrontiert sehen. „Die Unsicherheit der Pädagogen, persönliche Beziehungen zu ihren Adressaten einzugehen, trifft bei Jungen auf deren Sehnsucht nach Vaterfiguren und erwachsenen Männern, die ihnen Partner bei Orientierungssuche und Selbstentwicklung sein könnten" (Bentheim u.a. 2004, S. 88). Daraus wird ein gewisses Gefahrenpotential ersichtlich, dass Sozialisationsdefizite durch die defizitären Vorbilder weitervermittelt werden.

2.3 Sexuelle Identität

> *„Vieles, was sich um Sexualität dreht, bleibt den Männern vorbehalten: Bordelle, Sexshops, sexuelle Übergriffe, sexuelle Gewalt und Diskriminierung, sogenannte Sexualverbrechen, Pornographie, Werbung, Sexfilme, Kontaktanzeigen, das Erobern und Verführen usw."* (Mending, BzgA (Hg.) 1995)

Die männliche Sexualität befindet sich stets in der Gefahr, auf vermeintliche oder tatsächlich vorhandene negative Aspekte reduziert zu werden. Andererseits gebietet der Wunsch nach Anerkennung unter gleichaltrigen oftmals eben die Fixierung oder gar übertriebene Darstellung solcher negativer Aspekte. Sexismus, Diskriminierung von Homosexuellen, der offene Umgang mit Pornographie, etc. stoßen mancherorten auf Empörung, werden von anderen wichtigen Bezugspersonen jedoch mit Statusgewinn honoriert. Die Bedeutung von Sexualität und Männlichkeit im sexuellen Sinne wird deutlich, wenn man die unter Jungen gebräuchlichen Schimpfwörter auf ihren Hintergrund prüft. Die meisten Beleidigungen zielen darauf ab, die Männlichkeit des Gegenübers in Frage zu stellen und / oder appellieren an die Homophobie des Gegenübers (vgl. Achterwinter, Sturzenhecker (Hg.), 1996, S.13). Diese verbalisierte Form männlichen Sexualverhaltens bezieht sich jedoch mitnichten nur auf Geschlechtsgenossen. Auch weibliche Jugendliche, welche irgendwie den Ärger eines Jungen auf sich ziehen, werden häufig durch die Verwendung eines stark sexualisierten Wortschatzes beleidigt.

„Es scheint als diene den männlichen Jugendlichen Sexualität als unverzichtbares Medium, als Vehikel von Kommunikation und Kontaktaufnahme. Daß dabei nicht selten andere Jungen und Mädchen gekränkt, verschreckt und beleidigt werden, läßt den Schluß zu, daß solche Jungen nicht gerade vor Selbstbewußtsein strotzen und dies durch solche Akte der Entwertung anderer zu verdecken suchen." (Munding, BzgA (Hg.) 1995, S.26)

Die männliche Sexualität ist im Jugendalter demnach ein Lebensbereich, der durch mehrere widersprüchliche Ansprüche und die daraus resultierenden Rollenkonflikte erschwert wird. Da es kaum möglich scheint, eine Strategie zu entwerfen, welche sämtliche Erwartungen an den Rolleninhaber gleichermaßen zufriedenstellt, ist der Rolleninhaber in der Regel angewiesen, einzelne Erwartungen, welche er befriedigen möchte, zu selektieren oder in der Isolation Zuflucht zu suchen.

3.1 Braucht Jungenarbeit ein Leitbild Männlichkeit?

„Die Pädagogen selber aber sind verunsichert in ihrer eigenen Praxis und ihren eigenen Idealen von Männlichkeit. Sie selber hadern mit ihrer Suche und ihren Versuchen, welcher Mann sie sein könnten/oder sind."
(Sturzenhecker 1996, S.7)

Wenn selbst jene, die sich zur Aufgabe gemacht haben, Jungen ein Vorbild zu sein, ihnen zu helfen, ihre Probleme zu lösen und somit zu ihrer Sozialisation beizutragen, ihrer eigenen Geschlechtsidentität unsicher sind, scheint die Antwort auf diese Frage auf der Hand zu liegen: Ja. „Wenn es eine spezifische Arbeit mit Jungen – also jungen Männern – geben soll, dann muß sich dieses Spezifische auch in einer Konzeption ausdrücken lassen, die das Verhalten von

Männern umschreibt"(Brenner, Sturzenhecker (Hg.) 1996, S.25), lautet der zunächst schlüssig klingende argumentative Beitrag von Gerd Brenner. Michael May warnt jedoch, „Leitbilder drohen immer, stereotyp umgesetzt zu werden oder sogar selbst zu einem Stereotyp zu mißraten (May, Sturzenhecker (Hg.) 1996, S. 92). Die Mehrheit der Autoren, welche sich im Rahmen von Benedikt Sturzenheckers Buch: „Leitbild Männlichkeit – Was braucht die Jungenarbeit?!" mit der Frage nach einem solchen Leitbild auseinandergesetzt haben sind sich allenfalls in ihrer Uneinigkeit einig, denn klare Antworten werden zwar gegeben, jedoch auch umgehend wieder relativiert, oder aber lassen sich die Argumente nicht gegenüberstellen, da die Definition des Begriffes „Leitbild Männlichkeit" variiert. Demnach muss zunächst eine ganz andere Frage gestellt werden.

3.2 Wie kann / soll ein solches Leitbild aussehen?

> *„Heute weiß der Vater in der Fernsehwerbung nie, welche Medizin*
> *man gegen Erkältung nehmen muß. Und in heiteren Fernsehserien*
> *sind Männer meistens unaufrichtig oder trottelig und leicht hinters Licht*
> *zu führen."* (Bly, 1991, S.42)

Das allgemein vorhandene Bild von Männlichkeit definiert sich sehr stark über die Darstellung von Männern in den kommerziellen Medien. In dieser Hinsicht herrscht keineswegs ein Mangel an möglichen Vorbildern, doch stellt sich das Problem dar, dass es sich in der Regel um Superhelden handelt, welche alles können, bzw. durch übermenschliches Durchsetzungsvermögen glänzen und somit nicht als reales Vorbild herangezogen werden können (vgl. Lampert, Oelemann, Sturzenhecker (Hg.) 1996, S.68). Die andere Seite der Medaille gibt den Fernsehtrotteln Raum, die Bly thematisierte, welcher in seinem Buch „Eisenhans" versuchte, eine Art Leitbild herzustellen, welches jedoch auch massiver Kritik ausgesetzt ist, so fordert Reinhard Winter „...fundierte Theorien und keine Kurzschlüsse, die aus beliebigen Ritualen oder ‚Mythen', wie z.B. dem Märchen ‚Eisenhans' abgeleitet werden" (Winter, Sturzenhecker (Hg.) 1996, S. 124). Dem hält Liermann jedoch entgegen, Bly liefere zumindest ein „...eindeutiges Modell für die Praxis..." (Liermann, Sturzenhecker (Hg. 1996, S. 75). Weiterhin führt Winter aus, typische Jungenspielwelten (er nennt HE-MAN als Beispiel) seien eindimensional, schwülstig, grotesk (vgl. Winter,

Sturzenhecker (Hg.) 1996, S.125) und holt danach aus, um über die „Vielfalt des Mannseins zu dozieren. Dem regen Interesse an diesen mythologischen Spielwelten entsprechend, liegt der Schluss nahe, dass eben das Interesse an Mythologie und scharf gezeichneten Männlichkeitsbildern ein wichtiger Teil eben dieser Vielfalt ist. Winters Kritik folgt jedoch weder die Idee, dieses rege Interesse für die Jungenarbeit nutzbar zu machen, noch liefert er einen konkreten oder wenigstens vielversprechenden Ansatz, wie das von ihm abgelehnte Leitbild Männlichkeit ersetzt werden könnte. Abschließend lässt sich den vorliegenden Quellen zufolge wohl lediglich sagen, dass ein solches Leitbild weder Männlichkeit im traditionellen Sinne, noch Männlichkeit im modernen oder im feministischen Sinne darstellen darf. So bleibt nur zu fragen: Was bleibt dann übrig, insofern man sich nicht (wie immer wenn die Sozialforschung um eine konkrete Antwort verlegen ist) auf irgendein nicht greifbares „multifaktorielles Gebilde" berufen will?

3.3 Die Bedeutung von Arbeit für dieses Leitbild

> „...diese Fachmänner müssen für Jungen erkennbar auch – wie gesagt – ‚Meister'
> ihres Faches sein, das schließt ein die bereits erwähnte überpersönliche
> **Faszination** vom **Mythos** ‚ihres' Fachs und es schließt ein, daß Jungen solche
> ‚Meister' auch als ihre persönlichen Begleiter und Mentoren in Anspruch nehmen können."
> (Loschelder, Sturzenhecker (Hg.) 1996, S. 83 f)

Die Bedeutung von Arbeit auf die Notwendigkeit der Erwerbstätigkeit zu beschränken griffe bei weitem zu kurz. Viel eher bietet Arbeit den Jungen die Möglichkeit, in etwas wirklich gut zu sein, in den Wettbewerb zu treten, sich zu beweisen und vor allem auch Faszination für weniger medienwirksame Themenbereiche zu entwickeln. Das Anfertigen eines großartigen Werkstückes ist für einen Handwerker ein wesentlich leichter erreichbares Ziel als das Verfolgen von Bösewichtern um den halben Globus, wie es James Bond zu tun pflegt. Somit ermöglichen auch weniger privilegierte Berufe Jungen (Männern) das erschaffen eines Bereiches, in dem sie wirklich gut sein können. Dazu kommt erschwerend das – noch immer weit verbreitete - traditionelle Männlichkeitsbild, welches den Mann als Ernährer der Familie darstellt, weshalb Arbeitslosigkeit für Jungen, welche männlicher Entwicklung dieses traditionelle Bild zugrunde legen, einem Scheitern der eigenen Männlichkeit gleichzusetzen ist. Ein weiterer Faktor, welcher die Bedeutung von Arbeit – vor allem der Art der Arbeit – hervorhebt, ist die Darstellung männlicher Vorbilder im Fernsehen. So lässt sich niemals ein muskulöser, braun gebrannter Sozialarbeiter in der Werbung finden. Solche Leute sind immer Bauarbeiter, Surflehrer oder dergleichen. Demnach liegen sowohl die Möglichkeiten, Jungen mit einem Leitbild, welches den Lebensbereich Arbeit nicht ausklammert, zu erreichen, als auch die Notwendigkeit, ein aufgeklärteres Bild von arbeitenden Männern zu vermitteln, als dies durch die Medien geschieht, auf der Hand.

3.4 Die Bedeutung von Sexualität für dieses Leitbild

*„Eine ‚zeitgemäße' Anpassung an emanzipatorische Bestrebungen
von Frauen und Mädchen scheint dabei das neue (Leistungs-)Ziel
des perfekten Liebhabers zu sein, der seine Partnerin immer voll-
ständig und aktiv zu befriedigen versteht, ihr ‚einen Orgasmus macht'."*
(Munding, BzgA (Hg.) 1995, S. 27)

Vor allem im Bereich der Sexualität scheint sich Männlichkeit in hohem Maße durch Leistungsfähigkeit zu definieren. Damit einher gehen sowohl Unsicherheiten ob der eigenen Leistungsfähigkeit, als auch die Orientierungsmöglichkeit in bezug auf die eigene sexuelle Identität. Hinzu kommt die Demontage des traditionellen Männerbildes in vielen Lebensbereichen (Beruf, Politik), auf welche die Jungen nicht direkt selbst Einfluß nehmen können. In dem – von Funktionalität geprägten – Bereich der Männlichen Sexualität allerdings bietet sich eine selbst definierbare, private Rückzugsmöglichkeit, welche durchaus traditionelle Ideologien ermöglicht (vgl. Munding, BzgA (Hg.) 1995, S. 27). Dies ermöglicht den Jungen einerseits eine gewisse Autonomie welche jedoch andererseits relativiert wird, da dieser Bereich keine absolute Sicherheit verspricht, sondern zumindest teilweise von widersprüchlichen Erwartungen, vor allem von Seiten der Mädchen bzw. Frauen, „enteignet" wird. Durch das fast schon klassische Beispiel Softie – Macho (vgl. Munding, BzgA (Hg.) 1995, S. 26) lässt sich diese Problematik sehr verständlich, da alltagsbezogen, aufzeigen. Dass Sexualität also mitbedacht werden muss, wenn es darum geht, ein Leitbild Männlichkeit zu entwerfen, sollte ebenso klar erkennbar sein wie die Gefahr, dass ein Leitbild, in das nicht sämtliche Interessen sämtlicher Betroffener einfließen, sich zu attraktiv als Instrument politischer Interessen darstellen könnte.

4.1 Jungenarbeit als Methode der Mädchenarbeit

> *„Männergewalt gegen Frauen konstituiert das Machtverhältnis der Geschlechter; (...) Allmählich setzt sich die Erkenntnis durch, dass wirkliche , Prävention' nicht den (potentiellen) Opfern zugeschoben werden kann. Gewaltverhinderung muß auf der Täterseite ansetzen, und zwar möglichst früh."*
> (Karl, Glücks/Ottemeier-Glücks (Hg.) 1996, S. 140)

Die Forderung nach antisexistischer Jungenarbeit von feministischer Seite befindet sich im stetigen Diskurs, so setzt doch eine antisexistische Jungenarbeit scheinbar ein (von Frauen diktiertes?) Leitbild Männlichkeit voraus, welches sich an den Defiziten und vermeintlich negativen Aspekte der Männlichkeit orientiert. Auch mag in dieser Formulierung der Vorwurf mitschwingen, Männlichkeit würde in erster Linie von Sexismus geprägt. „Eine Reduzierung des Verständnisses von Jungenarbeit auf eine Verhaltensänderung zum Schutz der Mädchen reicht nicht aus" (Mending, BzgA (Hg.) 1995, S. 8), lautet eine zunächst schlüssig klingende Aussage, welche die Gefahr einer Instrumentalisierung von Jungenarbeit bemängelt. Das feministische Lager hält dem entgegen, Männlichkeit akzeptiere die Realität nicht, schirme sich sogar dagegen ab und impliziere Gewaltbereitschaft. Vermeintliche „Argumente", welche sich darauf beziehen, dass Frauen mittlerweile Hosen tragen, Männer jedoch keine Kleider, runden das – regelrecht zur Kritik einladende – Bild ab (vgl. Ottemeier-Glücks, Glücks/Ottemeier-Glücks (Hg.) 1996, S. 79 ff). Eine Abwägung der Argumentationen macht schnell deutlich, dass der Begriff der antisexistischen Jungenarbeit eine Eigendynamik auslöste, welche zu einer überspitzten, in ihrer Seriosität immer fragwürdiger anmutenden Argumentationsweise zu verführen scheint.

4.2 Jungenarbeit als Reaktion auf den Feminismus

„Auf den Alltag in Jugendarbeit und Jugendpolitik übertragen, könnten sich solche
Denkansätze zu einem möglicherweise gern gesehenen ‚Partner' für Konzepte zur
Jungenarbeit entwickeln. Oberflächlich gesehen, erscheinen sie geeignet, den
Gegenpart zur Mädchenarbeit zu übernehmen aufgrund ihrer Analyse über
Benachteiligungen von Jungen/Männern und daraus ableitbarer Ansprüche an
Selbstverwirklichung. Im Kern aber verschleiern sie über das Argument
‚Gleiche Rechte für alle' die reaktionäre Basis ihres Männlichkeitsbegriffs."
(Glücks, Glücks/Ottemeier-Glücks (Hg.) 1996, S. 23)

Der Vorwurf des „Gegenschlags" von Seiten der Frauenbewegung muss
sicherlich ernst genommen werden, um dem Risiko eines Schlagabtausches
zwischen den radikaleren Vertretern beider Geschlechter vorzubeugen. Eine
ablehnende Haltung seitens der Männerbewegung könnte zwar möglicherweise
den Einfluß von feministischer Seite einschränken und somit die vermeintlichen
Interessen der Männer schützen, doch stellt es sich als fragwürdig dar,
inwiefern dies dem Klientel zum Vorteil gereichen könnte. Erschwerend kommt
hinzu, dass eine inaktive Blockade von Fremdeinflüssen lediglich Stillstand
bewirken könnte. Demnach scheint die Konzentration der Männerbewegung
doch wesentlich stärker dem Geschlechterkampf an sich als dem Teilbereich
der Jungenarbeit zu gelten (vgl. Glücks, Glücks/Ottemeier-Glücks (Hg.) 1996,
S. 37 f). Da jedoch der Handlungsbedarf im Bereich der Jungenarbeit ein
unstrittiger Punkt ist, kann diese Herangehensweise keinesfalls die Interessen
irgendeiner Interessengemeinschaft – am wenigsten die der Jungen selbst –
vertreten. Der dem Feminismus geltende Vorwurf sich bei der Jungenarbeit zu
sehr auf die eigenen Interessen zu konzentrieren, kann demnach in gleichem
Maße dem Maskulinismus gemacht werden.

4.3 Jungenarbeit als Instrument im Geschlechterkampf

„Geschlechtsidentität beinhaltet auch einen Standpunkt im Arrangement
der Geschlechter, im Rollenverhalten, in den Einstellungen zum eigenen
und anderen Geschlecht, in den Strukturen zwischen- und gleich-
geschlechtlicher Kommunikation, in der geschlechtsdifferenzierten
Bewertung gesellschaftlicher Wirklichkeit oder im Normenkodex einer Gesellschaft.
(Munding, BzgA (Hg.) 1995, S. 11)

An dieser Stelle sollten Parallelen gesucht und Erfahrungen übertragen werden
(vgl. Achterwinter, Sturzenhecker (Hg.) 1996, S. 10 f) und es sollte möglichst

vermieden werden, dass die geschlechtsspezifische Jugendarbeit in einen (Mittel-) Verteilungskampf ausartet. Wie auch die feministische Herangehensweise an Jungenarbeit weist die maskulinistische das Manko auf, dass Jungenarbeit als Teil der *Jugend*arbeit in einen geschlechterpolitischen Kontext gepresst wird, wodurch die Diskussion, welche sich doch eigentlich am Klientel, dessen Problemen und Bedürfnissen orientieren sollte, eine Ebene erreicht, welche immer stärker den allgemeinen Machtkampf zwischen Mann und Frau fokussiert. Bei der Frage, wie Jungenarbeit zu gestalten sei, darf im Sinne von Gender Mainstreaming keinesfalls der Bereich der Koedukation vernachlässigt werden. „Gender Mainstreaming und das Ziel der Gleichstellung funktionieren in der Jugendhilfe nur, wenn der Blick auf beide Geschlechter gerichtet werden kann" (Bentheim u.a. 2004, S. 23). Die vollständige Konzentration auf koedukative Jugendarbeit kann jedoch auch nicht als Königsweg gesehen werden, wie Munding (BzgA (Hg.) 1995, S. 13) im Sinne geschlechtsgetrennter Lernsituationen durch den Verweis auf negativ besetzte Verhaltensmuster von Jungen im Beisein von Mädchen (z.B. weniger Konkurrenzdenken) anführt. Dabei darf jedoch nicht vergessen werden, dass ein Kompromiss die Interessen beider Geschlechter vertreten muss: „Der Vorwurf vieler Frauenforscherinnen und PädagogInnen, die Koedukation zementiere die real existierende Chancenungleichheit von Mädchen und Jungen, muß ernst genommen werden" (Munding, BzgA (Hg.) 1995, S. 13). Inwiefern diese Chancenungleichheiten nach jahrelanger, sehr intensiver Mädchenarbeit im Gegensatz zu eher rudimentär ausgebildeter Jungenarbeit aussehen mag, ist jedoch wiederum eher ein Teil des Streits zwischen den radikal denkenden Vertreter der Geschlechter.

5.1 Wo findet sie (nicht) statt?

> *„Was bis heute allerdings fehlt, ist eine systematische und vor allem*
> *systematisch fortgeschriebene Bestandsaufnahme der Angebote zur*
> *Jungenarbeit bzw. Jungenarbeitsprojekte;..."*
> (Bentheim u.a. 2004, S. 61)

Erst seit Beginn / Mitte der 90er Jahre, beschäftigen sich, zusätzlich zu vereinzelten Anbietern, größere Organisationen mit Jungenarbeit, (vgl.

Bentheim u.a. 2004, S. 62). In erster Linie findet Jungenarbeit in Freizeitzentren statt. Des weiteren finden sich bei Beratungsstellen, die sich mit Sexualität befassen teilweise Angebote, welche speziell für Jungen angeboten werden. So ist dies beispielsweise bei manchen AIDS-Beratungsstellen der Fall. Auch Beratungsstellen, welche sich mit der Prävention von sexuellem Kindesmissbrauch beschäftigen, arbeiten (manche sogar ausschließlich) geschlechtsspezifisch. Eine Organisation, die sich schon recht früh und bis heute sehr intensiv mit geschlechtsspezifischen Angeboten, demnach auch Jungenarbeit, auseinandergesetzt hat ist die Pro Familia. Einige Männerbüros haben ebenfalls Angebote für Jungen in ihr Programm aufgenommen. Oft handelt es sich dabei um themenbezogene Angebote, also Angebote welche stärker auf Information denn auf Orientierungshilfe im Sinne von Sozialisation bauen (vgl. Munding, BzgA 1995, S. 39). Die theoretische Auseinandersetzung mit dem Thema Jungenarbeit, etwa im Sinne von Fortbildungen, Schulungen oder wissenschaftlicher Studien, erfreut sich großer Beliebtheit (vgl. Munding, BzgA 1995, S. 40), wobei die praktische Umsetzung in gewissen Bereichen noch zu schwach ausgeprägt ist. Dazu gehören beispielsweise Dachverbände oder auch die Landesbehörden. Hier fehlte lange eine „Beheimatung" der Jungenarbeit in Richtlinien, Haushaltsplanung, Personalplanung und Konzeption – von vereinzelten Ausnahmen abgesehen. Diese Informationen, welche Munding 1995 im Auftrag der BzgA veröffentlichte, erfreuten sich laut Bentheim, May, Sturzenhecker und Winter allerdings 2004 keiner Aktualität mehr: „Auch die größeren Träger erkannten zunehmend, dass Jungen nicht nur im Einzelfall ‚auffällig' werden und der Hilfen bedürfen, ..." (Bentheim u.a. 2004, S. 63).

5.2 Wer initiiert sie?

„Die Tatsache, daß sowohl Jugendverbandsarbeit als auch jugendpolitisches Engagement in der offenen Jugendarbeit in der Regel von Männern initiert wird, kommt hierbei dem Umstand entgegen, daß eine von Frauen ‚verordnete' Jungenarbeit männlichen Widerstand auslöst." (Munding, BzgA (Hg. 1995, S. 61)

Die Versuche von weiblicher Seite, Jungenarbeit zu initiieren oder ihre männlichen Kollegen zu einem entsprechenden Angebot anzuregen, werden ob der Verwurzelung der Jungenarbeit in der emanzipatorischen Mädchenarbeit häufig blockiert, was die Auswirkungen der Machtkämpfe zwischen Feministen und Maskulinisten im praktischen Feld der Jungenarbeit demonstriert. Die meisten Angebote werden dennoch von Männern ins Leben gerufen, wobei die Art der Angebote, nämlich solche die den traditionellen Rollenvorstellungen entsprechen (Sport, Kicker, Billard, etc.), einen deutlichen Hinweis auf die Konzeptarmut in der Jungenarbeit bieten (vgl. Munding, BzgA (Hg.) 1995, S. 60). An dieser Stelle sind keine Ansätze zur Identitätsfindung erkennbar, sondern Bezeichnungen wie „Beschäftigungstherapie" scheinen fast schon angebracht. Auffällig ist, dass homosexuelle Männer deutlich mehr Engagement zeigen, mit Jungen zu arbeiten, als das bei heterosexuellen Männern der Fall ist, was möglicherweise mit der eigenen Biographie, welche die Ausbildung von und den Umgang mit einer sexuellen Identität zumeist in einem ausgeprägteren Ausmaß enthält, zusammenhängt (vgl. Munding, BzgA (Hg.) 1995, S. 61).

5.3 Wer führt sie (nicht) durch?

> *„Der ‚Verdacht', vielleicht schwul oder gar pädophil zu sein, wird oft geäußert, wenn sich Männer ‚so intensiv' mit Jungen beschäftigen. Auch wenn diese Kausalität noch so abwegig ist, so bleibt doch festzuhalten, daß ohne eine grundsätzliche Nähe zu Männern und Jungen eine effektive Jungenarbeit gar nicht möglich ist."*
> (Munding, BzgA (Hg.) 1995, S. 63)

Gefragt sind in der praktischen Jungenarbeit ganz klar männliche Bezugspersonen, welche bereit und fähig sind mit den Jungen zu arbeiten, ihnen gleichermaßen Erzieher und Vorbild zu sein. Die männlichen Pädagogen entziehen sich jedoch oftmals oder blocken Jungenarbeit ab. Dementsprechend bietet sich der Blick in Richtung klassischer Männerdomänen geradezu an. Dazu gehören auch Sportvereine, speziell Fußball gilt ja noch immer als klar von Männern dominierter Sport, die Jugendfeuerwehr oder auch Pfadfindergruppen (vgl. Bentheim u.a. 2004, S. 70). Derartige Organisationen zeichnen sich durch das gemeinsame Merkmal aus, dass sie auf konkreten Fähigkeiten, welche trainiert werden, basieren. Hierbei zeichnet sich der Zusammenhang von männlicher Identität und Arbeit, bzw. Leistungsfähigkeit deutlich ab. Der Wettbewerbscharakter, der wesentlicher Bestandteil des Sports ist, bietet ebenfalls deutliche Hinweise auf traditionell männliche Identitätsmerkmale. Fußballtrainer, Feuerwehrmänner und Gruppenleiter der Pfadfinder erfüllen als Spezialisten auf ihrem Gebiet zudem eine Vorbildfunktion, was diesen nicht professionellen Bereich der Jungenarbeit abermals positiv hervorhebt. Soziale Einrichtungen, welche sich mit Jungenarbeit beschäftigen, tun dies in den meisten Fällen nur im Rahmen allgemeiner Jugendarbeit, wobei oftmals keine konkreten Konzepte oder Projekte bestehen (vgl. Munding, BzgA (Hg.) 1995, S. 41 ff).

5.4 Arbeitsprinzipien der Jungenarbeit

> *„Weil Jungenarbeit eine menschlich-männliche Sozialisation fördern will, muss die äußere Form ‚Geschlechtshomogenität' eine spezifische innere Qualität erhalten. Wenn sich in der männlichen Gruppe eine neue Qualität Von männlicher selbstkritischer Solidarität, Stärkung und gleichzeitiger Hinterfragung vorherrschender Männlichkeit sich entwickelt, wird das Ziel Der bewussten selbständigen Entwicklung von Geschlechtsidentität gefördert."*
> (Bentheim u.a. 2004, S. 118)

Bentheim, May, Sturzenhecker und Winter weisen das Vorhandensein spezieller Methoden für die Jungenarbeit von der Hand, formulieren jedoch sechs Grundprinzipien, welche sie für die Arbeit mit Jungen als unerlässlich erachten. Diese lauten wie folgt (vgl. Bentheim u.a. 2004 S. 118 ff):

a) Geschlechtshomogen arbeiten
Hierunter soll nicht die dogmatische Trennung der Geschlechter verstanden werden. Viel eher weisen die Autoren darauf hin, dass heikle Themen wie Sexualität, Ängste und dergleichen in einer heterogenen Gruppe nicht so ungezwungen behandelt werden können wie in homogenen Gruppen, da die Anwesenheit von Mädchen zu Selbstdarstellungsdruck und Rechtfertigungsdruck führt.

b) In Kontakt kommen
Dieses Prinzip soll als Aufforderung zur reflexiven Begegnung zwischen Pädagogen und Klienten gelten. Die Verbalisierung von Unsicherheiten gehört ebenso dazu wie das Aushalten von Widersprüchen oder die Thematisierung

von negativen Aspekten der gelebten Männlichkeit. Zudem soll dieser Kontakt vor allem den Pädagogen zum Kennenlernen und Verstehen der Zielgruppe verhelfen.

c) Schutz bieten und Ängste nehmen

Ängste – etwa in Form von Homophobie, der Angst vor Gewalt, Versagensängsten oder Statusängste in bezug auf das weibliche Geschlecht – dominieren viele Unsicherheiten von Jungen. Seine Ängste zu äußern und zu ihnen zu stehen ist für Jungen sehr schwer bis gar nicht mit der Darstellung von Männlichkeit vereinbar. Diesem Prinzip zufolge muss ein entsprechender Schutz, bzw. schützender Rahmen geschaffen werden um überhaupt die Arbeit an diesen Ängsten zu ermöglichen.

d) Handlungsorientierung und kreatives Gestalten

Dieses Prinzip gebietet dem Pädagogen, den tendenziell aktiven Charakter gängiger Männlichkeitsbilder aufzugreifen es den Jungen zu ermöglichen, auf diese Weise miteinander und mit ihm in Kontakt zu treten und auf diesem Wege ihre Emotionen auszudrücken. Selbstverständlich muss dies in einem kontrollierten Rahmen und unter der Wahrung gewisser Regeln geschehen. Wenn auf diese Weise Probleme oder Konflikte zu Tage treten bietet sich dem Pädagogen die Möglichkeit, darauf zu reagieren und mit dem Jungen daran zu arbeiten.

e) Die eigene Person einbringen

Der Umgang des Pädagogen mit der eigenen Männlichkeit ist ein wichtiger Orientierungspunkt für die Jungen, welche reelle Vorbilder benötigen um sie zu hinterfragen und die Vielschichtigkeit eines Mannes zu erleben, welche ihnen von ihren Helden und Idolen aus Film und Fernsehen verwehrt bleibt. Hierbei gilt es für den Pädagogen, Selbstreflexion zu üben und kritische Fragen beantworten zu können, bevor sie gestellt werden, um als potentielles Vorbild nicht bloßgestellt und demontiert zu werden.

f) Selbst-kritische Reflexion der Jungen ermöglichen

Eine selbst-kritische Reflexion vor dem Hintergrund von Gender Mainstreaming bedeutet für die Jungen, ihre Position im Verhältnis der Geschlechter zu erkennen und auf dieser Prämisse basierend ihre eigene Männlichkeit zu konstruieren. Hierbei sollten die Jungen Moral, soziale Gerechtigkeit und Machtverhältnisse zwischen den Geschlechtern hinterfragen. Aufgabe des Pädagogen ist es bei diesem Prinzip, die Jungen zu diesen Schritten zu animieren und sie auf dem Weg zu begleiten. Dies kann gestützt durch Gesprächsrunden, Rollenspiele und dergleichen geschehen.

5.5 Wieso fällt die praktische Umsetzung so schwer?

> *„Dass Jungen oft die Schuld an der nicht breit durchgesetzten Jungenarbeit zugeschoben wird, scheint mehr eine Strategie im Umgang mit Unsicherheiten oder Unwilligkeit bei Pädagogen zu sein, als es der Wirklichkeit entspricht. Denn mittlerweile gibt es so viele empirische Belege dafür, dass Jungenarbeit ‚geht', dass diese pauschale Schuldzuweisung nicht mehr ernst genommen werden kann.* (Bentheim u.a. 2004, S. 86)

Wenn die Forderung nach männlichen Fachkräften auf die eigenen Identitätsprobleme und Unsicherheiten mit dem eigenen Geschlecht treffen, drängt sich die Antwort auf die Frage, warum sich Jungenarbeit nicht breit durchsetzen lässt, regelrecht auf: „Die Pädagogen sind die Schuldigen." Kann man den Pädagogen allerdings zum Vorwurf machen, nicht das gesamte Klientel zu erreichen? Kann den Pädagogen vorgehalten werden, dass viele Organisationen nicht über Mittel für Jungenarbeit verfügen? Wohl genauso wenig wie die Instrumentalisierungstendenzen im Geschlechterkampf den wenigen männlichen Fachkräften an der Basis der Jugendhilfe angelastet werden kann (vgl. Bentheim u.a. 2004, S. 90). Schon die Notwendigkeit von Jungenarbeit entsteht ganz ohne das Zutun der Pädagogen, sondern wird unter anderem sehr stark durch mediale Einflüsse bedingt – schließlich sind es Film und Fernsehen, welche Männern und Frauen, Jungen und Mädchen nahezu unerreichbare Vorbilder präsentieren, welche sich gleich doppelt auswirken:

1. Wird die angesprochene Person in ihrem Selbstbild als minderwertig dargestellt.
2. Werden beim anderen Geschlecht utopisch anmutende Ansprüche geweckt.

Diesen Faktoren zufolge wird der gesamte Bereich des sexuellen Mit- und Gegeneinander sehr stark verkompliziert. Da dieser Bereich wiederum eine entscheidende Rolle für die Definition von Männlichkeit spielt (da Fernsehhelden zumeist unglaubliche Fähigkeiten haben lässt sich diese Aussage auch auf den Bereich der Arbeit und Leistungsfähigkeit übertragen), gelangt man schnell zu dem Schluss, dass der Fernseher – welcher mittlerweile bedenklich viel „Sozialisationsarbeit" leistet – ebenfalls in die Reihen der Schuldigen mit aufgenommen werden muss. Recht schnell wird klar, dass ein einzelner Pranger nicht ausreichen kann, um in dieser Frage Recht zu sprechen. Treffen möglicherweise zu viele unterschiedliche Erwartungen aufeinander, welche für die Jungen in einem Rollenkonflikt enden (vgl. Bentheim u.a. 2004, S. 87)? Demzufolge scheint die Antwort auf diese Frage einfach:

„Jungenarbeit benötigt ein einheitliches Konzept (ein Leitbild Männlichkeit?)."

Literaturverzeichnis

Bentheim, A., May, M., Sturzenhecker, B., Winter, R.: Gender Mainstreaming und Jungenarbeit.
Juventa Verlag, Weinheim und München 2004

Bly, R.: Eisenhans. Ein Buch über Männer
Knaur Verlag, München 1993

Sturzenhecker, B. (Hg.): Leitbild Männlichkeit. Was braucht die Jungenarbeit?!
Votum Verlag, Münster 1996

Glücks, E./Ottemeier-Glücks, F. G. (Hg.): Geschlechtsbezogene Pädagogik. Ein Bildungskonzept zur Qualifizierung koedukativer Praxis durch parteiliche Mädchenarbeit und antisexistische Jungenarbeit.
Votum Verlag, Münster 1996

Munding, R.: Sexualpädagogische Jungenarbeit. Expertise im Auftrag der BzgA Bundeszentrale für gesundheitliche Aufklärung, Köln 1995